35612153R10058

Made in the USA
San Bernardino, CA
13 May 2019